51
Lb 1559.

LE PROLÉTAIRE.

INTRODUCTION.

Instruire le peuple sur ses véritables droits et devoirs, faire vibrer en lui sa dignité d'homme et l'intérêt qu'il a à voir sa patrie, notre mère commune, qui nous nourrit et renferme nos affections, respectée par l'étranger et jouir de la plus grande somme de liberté, même pour ces malheureux qui nourrissent encore les pensées de ceux qui au berceau de notre révolution ne craignirent pas de le rendre colère en refusant de coopérer à cette ère nouvelle.

Mais pour obtenir ce résultat, il faut que tous les hommes de bien qu'une suite de bonheur a placés au-dessus de leurs semblables, soit par leurs richesses ou le developpement de leurs facultés intellectuelles, coopèrent à cette œuvre philantropique. C'est le vrai moyen de former une fusion entre des intérêts si opposés, qui oublient fort souvent que la LIBERTÉ n'est que la JUSTICE, et que la Justice est le respect de la chose acquise honorablement, et le devoir de celui qui possède pour les véritables besoins de ses concitoyens.

1831

A cet effet, une société philantropique fera paraître, sous la responsabilité de chacun de ses membres en particulier, des brochures tendant à ce résultat et distribuées GRATIS. Déjà plusieurs souscriptions ont été couvertes d'honorables signatures; on espère que nos concitoyens, pénétrés du bien public, s'empresseront de coopérer à cette entreprise par leurs offrandes volontaires.   L. D.

Un grand problème agite les entrailles du pays, qui se trouve partout, dans les émeutes de Paris, dans les troubles de Lyon, dans les révoltes de la Vendée. Il faut désormais changer les conditions des classes inférieures, sous peine de voir la société toute entière livrée à l'anarchie.

Il faut que tous les hommes sachent lire, écrire et compter ;

Que chacun trouve à vivre de son travail et à faire des économies pour ses vieux jours ;

Qu'en répandant l'enseignement, le pouvoir sache plier la population à des habitudes morales ;

Que toutes les opinions soient libres, et que tous les prosélytismes puissent s'exercer.

L'homme qui gouvernera par la loi, par la presse, avec les associations et le développement du commerce et de l'industrie ; celui qui ne s'effraiera pas de la liberté de tous pour le pouvoir d'un seul, celui-là nous donnera la seule gloire qui soit compatible avec notre civilisation : il sera le Bonaparte de la révolution de juillet.

(*Extrait du Journal le Temps.*)

POURQUOI NOUS SOMMES DE L'OPPOSITION.

Et d'abord nous sommes et nous restons de l'opposition, parce que notre conscience politique n'a jamais transigé avec notre intérêt personnel; on devrait du moins nous rendre cette justice; nous sommes de l'opposition, parce que nous ne voulons pas faire cause commune avec ces gens, fort sages d'ailleurs, qui s'accommodent de tout, *quand même*.... parce que l'amour de l'*ordre* ne nous aveugle pas au point de nous faire oublier la *liberté*: parce que nous ne voulons pas plus sous Louis-Philippe que sous Louis XVIII et Charles X, de camarilla et de dévouemens payés; parce que nous pensons que la dernière révolution, comme la première, n'a pas été faite contre une famille, mais contre un système; parce que notre dévouement à la royauté de juillet voit son existence compromise par la marche des choses. Nous sommes de l'opposition, parce que nous restons fidèles aux principes des trois jours; parce que le mot *politique* n'exclut pas pour nous le mot *honneur*; parce que le principe du bien-être moral d'une nation est le principe de son bien-être matériel; parce qu'on substitue l'égoïsme à l'estime de soi-même; parce que l'enthousiasme sera bientôt une chose inconnue en France; parce que la France, placée de tout temps à la tête du monde, en gloire militaire, en idées progressives, en civilisation, en morale, ne fait rien pour conserver cette magnifique position; parce qu'on avait promis de maintenir la nationalité de la Pologne, et que la Pologne est indignement sacrifiée, parce que nous n'avons pas prêté un appui plus efficace à la révolution belge; parce que l'Italie nous appelait au secours de son indépendance, et que nous n'avons fait pour elle qu'une infructueuse démonstration; parce que nous nous sommes montrés non moins hostiles aux patriotes espagnols que la sainte-alliance; parce que le drapeau tricolore, ce signe de liberté et de dignité humaine, perd tous les jours de son influence en Europe; parce que l'on a conservé longtemps et que l'on conserve encore, dans les relations extérieures, des hommes reconnus ennemis de la révolution de juillet; parce que l'administration intérieure est pleine des créatures de la famille déchue; parce qu'on n'a fait aucune économie importante sur le budget, et que les dignitaires de la bureaucratie sont rétribués avec une prodigalité odieuse; parce qu'on dépense beaucoup trop pour la représentation matérielle; parce que nous fesons des frais énormes pour l'entretien d'armées sur le pied de guerre, sans que la paix nous soit garantie; parce que le gouvernement ne semble voir d'assurances de paix que dans l'adoption d'un système analogue à celui des puissances, et que nous craignons que, pour satisfaire complètement aux exigences de l'absolutisme européen, il ne faille nous abaisser à son niveau; parce que la pairie, telle qu'elle est constituée, est anti-populaire; parce que sous un gouvernement populaire il ne doit point y avoir de castes privilégiées, parce que, avec un système d'élection aussi restreint que le nôtre, la France n'est pas réellement représentée; parce que, sous un gouvernement représentatif, la propriété ne doit pas être le principe exclusif de l'élection; parce que tout ce qui a des lumières et une industrie quelconque devrait avoir son vote comme l'électeur à 250 fr.; parce que le titre de garde national devrait comporter celui d'électeur, et que l'homme jugé capable de défendre l'état, devrait l'être aussi de lui donner des députés et des conseillers municipaux; parce qu'au lieu de

marcher vers le progrès, on semble regretter et
même on regrette hautement les *concessions*
que l'on a faites; parce que, sous un gouvernement moral, la honteuse loterie devrait être
abolie; parce que, dans l'absence des chambres,
nous manquons d'une commission de surveil-
lance; parce qu'il y a des masses de prolétaires
qui croupissent dans la misère et le vice, et
qu'elles y resteront tant qu'on ne s'occupera que
des classes supérieures; parce que, dans la répartition des impôts, le luxe n'est pas assez taxé:
parce que beaucoup de gens se procurent plus
facilement un cheval, un équipage, que beaucoup d'autres un morceau de pain; parce que
la presse, ce flambeau des populations, est
accablée d'impôts disproportionnés à ceux des
autres industries; parce que, dans aucun cas,
sous un gouvernement véritablement populaire,
on ne devrait se servir de cet odieux décret qui
détruit toute légalité, toute constitution; parce
que, même en Vendée, il y a des moyens lé-
gaux de répression, moyens que, par paren-
thèse, on aurait dû employer beaucoup plus
tôt; parce que la mise en état de siége de Paris
a été déclarée dans un moment où le danger
n'existait plus, et qu'elle a été conservée sans
un seul motif plausible.

Qu'on dise maintenant que nous sommes
ennemis du gouvernement actuel, nous ne son-
gerons pas à refuter sérieusement une semblable assertion; combien nous nous applaudirions
au contraire de pouvoir toujours marcher d'ac-
cord avec nos ministres? Cela certes ne tient pas
à nous, qui croyons être logiques : car on peut
parfois céder quelque chose aux sympathies
d'une ville, à des suggestions officieuses, à des
espérances d'améliorations ; mais comme le
principe fondamental reste toujours, il faut,
si ces espérances ne se réalisent pas, revenir

tout entier à sa première et chaleureuse opposition.

P. S. Quelques personnes ayant paru douter que les opinions habituellement exprimées dans cette feuille fussent l'expression complète de la pensée du rédacteur-gérant, il croit devoir signer cette franche émission de principes, à laquelle adhère, sans restriction aucune, son collaborateur.

(*Extrait du Guetteur de St.-Quentin.*)

DE L'INTERÊT QU'A LE PEUPLE
A LA LIBERTÉ DE LA PRESSE.

Quand le Peuple fort se leva comme un seul homme pour chasser une dynastie arrivée à la suite des bagages des Cosaques et des Anglais, et qui voulait lui ravir le dernier refuge de la liberté, qui est le droit qu'a tout citoyen d'exprimer sa pensée soit par la parole, soit par écrit, soit par l'impression ou le burin, il se doutait fort peu qu'après une leçon payée si chèrement, on oserait ce que *Charles* X ne s'est pas permis impunément, et que, sous la *Charte-Vérité* on scellerait et briserait les presses, qu'un seul journal, dans l'espace de moins de deux ans, aurait à subir soixante-trois saisies.

Si la monarchie actuelle eût été réellement, ainsi qu'on nous l'avait promis, *la meilleure des Républiques*, et que les Patriotes eussent pu sans entraves diriger les affaires de l'état, la faculté de publier sa pensée n'eût pas été une amère dérision : liberté pleine et entière eût été accordée même à ceux sur qui nous l'avons si glorieusement conquise : en conservant toutefois les égards dus à la pudeur et le respect à la vie privée ; là se serait arrêtée sa limite, et la Nation eût été juge pour tout autre cas, parce qu'un fait avancé est ou n'est pas vrai, utile ou nuisible, qu'au surplus celui qui a-vance quelque proposition, n'importe laquelle, rencontre toujours des contradicteurs, et qu'ainsi il n'est jamais seul à porter la parole devant le Jury national.

Mais, disent les adversaires de la publicité, êtes-vous sûrs que des espérances déçues, des amours-propres blessés ne s'adresseront point à la passion des hommes, et ne les soulèveront pas? Mais mon Dieu, mille fois non! Si vous êtes du gouvernement de la majorité, ainsi que vous le dites, qu'avez-vous à craindre? Voyez les États-Unis où la liberté n'est pas une chimère, où la presse et la tribune sont souvent si violentes, et dites-nous si le gouvernement n'en poursuit pas moins, à travers les discus-sions des partis, sa marche si noble.

Ah! les État-Unis, direz-vous, là le peuple est plus mûr que nous: Misérable sophisme (1)! plus mûr que nous! Et en quoi et pourquoi? serait-il par hasard pétri d'une autre argile? son cerveau est-il différent du nôtre? enfin, les besoins, les jouissances, les peines, le désir d'une existence meilleure se font-ils sentir plus vivement chez lui que chez nous? Ah! le pro-verbe répété à satiété, *voix du peuple*, *voix de Dieu*, serait-il donc chez nous un mensonge? et notre peuple que vous calomniez, avec ce qu'on appelle son gros bon sens, ne saura-t-il plus discerner l'honnête homme du fripon, l'hom-me de bien d'avec le misérable égoïste? Non, non, détracteurs de l'espèce humaine, notre peuple voit, notre peuple comprend et sait fort bien discerner le juste de l'injuste; c'est ce qui vous désole, parce que vous ne pouvez plus le tromper.

(1) Sophisme: Argument captieux qui ne conclut pas juste.

Mais, direz-vous, la presse calomnie, et de la calomnie reste toujours quelque chose. Cela peut être vrai jusqu'à un certain point, mais non en thèse générale : car le *calomniateur* finit tôt ou tard par être démasqué et n'inspirer aucune confiance, *même en disant vrai*. Au surplus, si ma voisine est une médisante, en conclurez-vous qu'il faille couper toutes les langues ? Ou, en d'autres termes, si j'ai une chandelle pour m'éclairer dans ma chambre, serai-je obligé de l'éteindre parce qu'elle peut produire un incendie ? Mais, nous dira l'absurde juste-milieu, nous voulons bien que vous parliez et que vous vous serviez d'une lampe pour y voir, mais à la condition que s'il nous prend envie de monter chez vous de nuit, pour y fouiller dans vos malles, vous n'approcherez pas votre lumière pour savoir qui nous sommes et surtout vous ne crierez pas au voleur ! Ainsi raisonnent ceux qui craignent d'être démasqués ; c'est aussi pourquoi ils ne négligent aucun moyen pour entraver la liberté de la presse.

Quant à nous, nous soutiendrons toujours avec raison qu'il doit être permis, en matière politique comme en religion, d'exprimer sa façon de penser sans restriction, parceque les gouvernemens pas plus que les prêtres ne doivent en imposer, car le mensonge est le plus cruel ennemi des peuples. Aussi ne cesserons-nous de lui répéter à satiété : PEUPLE, LA LIBERTÉ DE LA PRESSE EST VOTRE PLUS SURE GARANTIE CONTRE L'ARBITRAIRE, ET SI JAMAIS VOUS CESSIEZ DE VOUS PASSIONNER POUR ELLE, L'ESCLAVAGE LE PLUS HONTEUX SERAIT VOTRE UNIQUE PARTAGE.

L. D.

TRIBUNAUX.

La Cour d'assises de la Seine, dans la séance du 8 août, a eu à s'occuper d'une affaire à laquelle le ministère public attachait une haute importance. Pour la première fois, depuis que la France est régie par un gouvernement constitutionnel, des écrivains étaient traduits devant le jury, sous le poids d'une accusation entraînant la peine de mort. Les écrivains étaient des poètes, et les écrits incriminés des chansons.

Voici les débats de cette affaire, extraits de la *Gazette des Tribunaux*:

JUSTICE CRIMINELLE.

COUR D'ASSISES DE LA SEINE (Ire Section).

(Présidence de M. Lefebvre.)

Audience du 8 août.

LE TYRTÉE.

Excitation à la haine et au mépris du gouvernement. — Excitation à la rébellion non suivie d'effet. — Provocation à un attentat dont le but était de renverser le gouvernement et d'exciter la guerre civile, ladite provocation suivie d'effet. — Incident.

M. Guyot, éditeur d'une petite brochure paraissant à différentes époques, publia, le 22 avril dernier, un numéro de cette brochure ayant pour titre : *le Tyrtée*, et dans laquelle se trouvait la chanson suivante :-

I.

Eloge du Gouvernement , par un voltigeur.

Hier un court et gros bizet,
En gesticulant, me disait :
Taisez-vous, jeunes gens imberbes,
Juillet porte des fruits superbes.
  Oui , tout va bien ,
Nous avons un Roi citoyen.

Il est vrai que dans les faubourgs
On ne dîne pas tous les jours ;
Plus, que la peste et la misère
Mènent le peuple au cimetière...
  Mais tout va bien ,
Nous avons un Roi citoyen.

Au vrai mérite, au dévoûment,
Bicêtre sert de logement ;
Et du titre de sans-culotte,
Persil flétrit maint patriote ;
  Mais tout va bien ,
Nous avons un Roi citoyen.

Pologne , tes braves soldats
Sont morts en nous tendant les bras.
Quelque jour la Russie espère
Nous coucher dans la même bière ;
  Mais tout va bien ,
Nous avons un Roi citoyen.

Qu'importe que de tous côtés,
Le sang coule dans nos cités,
L'orchestre des files royales
Etouffe les voix et les râles.
  Oui , tout va bien ,
Nous avons un Roi citoyen.

Le numéro du Tyrtée contenait également une chanson intitulée *le Rappel.*

Ces deux chansons furent incriminées ; M. Labedollière se déclara auteur de la première, et M. Brassandier reconnut que la deuxième était son ouvrage.

Un arrêt de la chambre des mises en accusation renvoya en conséquence : 1° Guyot et Labedollière devant la Cour d'assises, pour répondre au délit d'excitation à la haine et au mépris du gouvernement, résultant de la chanson ayant pour titre : *Éloge du gouvernement.*

2° Guyot et Bressandier, comme prévenus de provocation à la rébellion par suite de la seconde chanson intitulée *le Rappel.*

Pendant que cette instruction s'élaborait, apparut un numéro de *Tyrtée*, sous la date du 3 juin dernier, contenant une chanson intitulée *Plèbe ;* en voici quelques fragmens :

Plèbe.

Eh ! quoi, tu dors ! tu dors, vieux lion populaire,
Vieux martyr'de la faim ! affamé prolétaire !
    N'as-tu donc plus rien à mâcher ?
N'est-il plus de tyrans à servir sur ta table ?
Oh ! géant aux grands pas ! marcheur infatigable,
    Es-tu déjà las de marcher ?

Car tu travailles bien quand tu veux : la faiblesse
Ne courbe pas ton front, et ta griffe qui blesse,
    Laisse des marques pour toujours !
Es-tu donc fatigué du bruit de nos tempêtes ?
Car tu t'es dit tranquille après les grandes fêtes :
    « J'en ai fait assez pour trois jours ! »

Eh ! tu ne vois donc pas qu'on te prend ta dépouille,
Qu'un pouvoir insolent te flétrit et te souille,
    Qu'on te salit de maint affront,
Qu'on cache tes pavés, qu'on émousse ton glaive,
Qu'on te berce toujours d'espoir, et qu'on enlève
    Le bonnet rouge de ton front !

Car que nous laissent-ils après notre victoire,
Eux qui ne veulent pas, au peuple las de gloire,
    Faire crédit d'un peu de pain ?
Ils pensent nous tromper par des promesses vaines,
Eux qui nous ont donné, pour nous payer nos peines,
    Des fers, la misère et la faim !

O peuple ! lève-toi. reprends ta marche fière,
Redresse ton front haut et regarde en arrière,
    S'ils ne l'ont pas enlevé tout !
Il faut tourner contre eux leur système profane.
O peuple ! il faut venger le coup de pied de l'âne,
    Et l'anéantir d'un seul coup.

Ce numéro fut l'objet d'une nouvelle instruction et d'un second arrêt de la chambre des mises en accusation, qui par suite de la date même de cette publication y vit un rapprochement avec les événemens des 5 et 6 juin, et renvoya en conséquence devant la Cour d'assises le jeune Guesde, auteur de la *Plèbe*, et Guyot, éditeur, comme accusés d'une provocation à un attentat dont le but était de changer et de détruire le gouvernement, et d'exciter les citoyens à la guerre civile.

La chambre des mises en accusation releva dans le même article le délit d'excitation à la haine et au mépris du gouvernement; enfin cet arrêt plaçait les deux accusés sous le coup d'un mandat d'amener.

La cause étant en cet état, M. le procureur-général requit la jonction des deux affaires, et M. le président de la Cour d'assises ordonna en effet cette jonction. L'affaire fut donc indiquée pour aujourd'hui, et, à la requête de M. le procureur-général, les accusés furent cités à comparaître devant la Cour d'assises.

Bressandier a pris la fuite, mais les trois autres accusés ont comparu aujourd'hui avant l'ouverture de l'audience. On fait placer Guyot et Guesde, contre lesquels la prise de corps n'avait pas été exécutée, sur le banc des accusés; trois gardes municipaux sont à côté d'eux.

Labedollière est assis sur un banc près du barreau.

M. le président interroge les accusés. Guyot, homme de lettres, est âgé de 25 ans. Labedollière, étudiant, est âgé de 20 ans; Guesde (Tancrède), étudiant, est âgé de 18 ans.

Après la lecture des arrêts de renvoi et de l'acte d'accusation, M. d'Esparbès de Lussan, avocat-général, prend la parole.

Ce magistrat expose la marche de la procédure et la position différente des accusés.

« On pensait, dit M. l'avocat-général, que dans le cours de juillet dernier l'arrêt de la chambre des mises en accusation portant prise de corps contre Guyot et Guesde serait exécuté, et que ces accusés, détenus dans une maison de justice avant l'ouverture de la sessoin, pourraient comparaître utilement à cette audience.

Au contraire, Guyot et Guesde ont comparu aujourd'hui étant en état de liberté, les dispositions de l'art. 261 du code d'instruction criminelle s'opposent à ce qu'ils soient jugés.

Cet article porte en effet que dans le cas où les accusés ne se sont pas constitués prisonniers avant l'ouverture de la session, la Cour ne peut passer outre au jugement que par suite du concours de trois circonstances : il faut une réquisition du ministère public, une ordonnance du président, et le consentement des accusés.

Le première de ces conditions, c'est à dire la réquisition du procureur-général, n'existe pas au contraire, il y a opposition formelle, de la part de M. le procureur-général, à ce que la Cour procède simultanément au débat des deux affaires ; en conséquence, nous requérons qu'il plaise à la Cour disjoindre les deux affaires, renvoyer à l'une des prochaines sessions *l'accusation* portée contre Guyot et Guesde, et ordonner qu'il sera passé au débat contradictoire de la *prévention* portée contre Guyot et Labedollière.

Le défenseur des prévenus s'élève contre cette réquisition inattendue ; il ne peut en concevoir le motif, puisque ces cliens demandent à être jugés, et que c'est M. le procureur-général lui-même qui a réquis la jonction des deux affaires

et qui a cité les accusés pour être jugés aujour-
d'hui.

M. le président interpelle les accusés Guyot
et Guesde, pour savoir s'ils consentent à être
jugés, et s'ils renoncent à se pourvoir contre
l'arrêt de mise en accusation qui les concerne.
Sur leur réponse affirmative, la Cour se retire
pour délibérer, et après une demi-heure rend
l'arrêt suivant :

La Cour, considérant que l'arrêt de mise
en accusation a été notifié à la requête du procureur-général ; que c'est encore à sa requête
qu'a été exécutée l'ordonnance de jonction des
deux affaires, rendue conformément à l'art. 361
du code d'instruction criminelle ; que, par con-
séquent, il a renoncé à se pourvoir contre l'arrêt
de mise en accusation ;

Considérant que Guyot et Guesde renoncent
également à se pourvoir contre ledit arrêt, et
qu'ils consentent à être jugés ;

Par ces motifs, la Cour dit qu'il n'y a lieu de
faire droit aux réquisitions du ministère public,
ordonne qu'il sera procédé aux débats conformément à l'arrêt de jonction.

Après cet incident, la Cour procède au débat du fond.

M. l'avocat-général soutient l'accusation qui
est combattue par Me Barnouvé et par le père
de Guesde.

Le jury, après une heure de délibération,
répond négativement à la question concernant
Labedollière ; en conséquence, cet accusé est
acquitté ; il répond négativement à la question
de provocation suivie d'effet à un attentat dont
le but était de détruire le gouvernement ; mais
il résout affirmativement la question d'excitation à la haine et au mépris du gouvernement,
posée relativement à la chanson la *Plèbe* et
concernant Guyot et Guesde.

La Cour condamne Guyot à six mois de prison, 1000 fr. d'amende, et Guesde à un mois de la même peine et 300 fr. d'amende.

La Cour procédant ensuite par défaut contre Bressandier, a condamné ce prévenu à deux mois d'emprisonnement et 300 fr. d'amende.

A la même audience devaient être jugés les sieurs Bérard et Dentu, poursuivis pour la publication de quatre numéros des *Cancans*. La cause a été remise par suite de l'indisposition du sieur Bérard.

DE LA DIGNITÉ ET DES DROITS DU PEUPLE,

ET RÉSULTATS QU'AURAIT PRODUITS LA RÉVOLUTION DE JUILLET 1830 DIRIGÉE PAR LES PATRIOTES.

Qu'un noble ou qu'un prêtre appelle de tous ses vœux le gouvernement d'un seul (droit divin) qui est celui de l'ignorance du peuple, afin que celui-ci serve ses projets, en lui persuadant que le rouge est blanc, cela se conçoit; mais qu'un pauvre diable de prolétaire, c'est-à-dire celui qui vit au jour le jour, soit bien aise de fournir des verges pour se faire battre, en d'autres termes, qu'il ravale sa dignité d'homme au-dessous de la brute, ou soit d'un animal sans intelligence, pour que son semblable vive à son détriment et aux dépens de ses préjugés, cela ne se conçoit pas.

Quand les premières sociétés prirent naissance, plusieurs familles, qui formaient ce qu'on appelle une tribu ou caste, choisirent le plus intelligent et le plus capable d'entre eux et le nommèrent leur chef, pour qu'il veillât à la sûreté de leurs champs, fît respecter les lois qu'ils avaient votées en commun ou par des délégués, et rendît, au nom de tous, bonne et prompte justice, pour que chacun en particulier respectât les droits et la propriété de son concitoyen ; mais en lui conférant ce pouvoir, ils n'aliénèrent (1) point le droit qu'ils avaient de le lui retirer, en cas qu'il en abusât pour les opprimer ; car là volonté de tous est préférable à celle d'un seul, et Dieu, nous sommes sûrs, doit être plutôt pour la nation que pour un individu ; la preuve en est, qu'un peuple peut se passer de princes pour le gouverner, tandis que celui-ci ne serait qu'un roi de carte, sans sujets. Cela est si évident, que Charles X, qui disait tenir son droit de Dieu, et par cela, voulait enlever au peuple jusqu'au droit de se plaindre par l'organe de la presse, se trouve maintenant à Holy-Rood, et que c'est chez ce dernier que réside l'origine de tout droit, puisqu'il a pourvu à son remplacement et que sans les intrigans qui trompent toujours les princes et qui ont tout fait pour faire écarter les patriotes du timon de l'état, ils jouiraient aujourd'hui des fruits de cette mémorable révolution. D'abord les charges qui pèsent sur lui, telles que les impôts sur le sel, les boissons et ce qui lui est de première nécessité, eussent été diminués au moins de moitié, parce que les emplois moins rétribués, et la répartition des impôts plus juste, en eussent donné les moyens.

Nul n'eût été malheureux que par sa faute, car, à défaut d'ouvrage, l'état eût pourvu aux besoins de chacun, en occupant les oisifs à

_____

(1) Aliéner signifie *vendre*, *céder*, *concéder*.

creuser des canaux, former des routes en fer, etc., etc.; enfin, à l'exemple des États-Unis, porter la prospérité de notre belle France, à son plus haut degré.

Tout citoyen payant le moindre impôt, ou garde national, eût été électeur de droit, pour nommer leurs députés, leurs maires et leurs officiers municipaux.

A l'extérieur, les traités honteux de 1815 déchiraient le droit qu'a chaque peuple de régler ses affaires comme bon lui semble, eût été respecté, et la non-intervention n'eut pas été chose pour rire, et cela, il n'y avait qu'à vouloir, de l'aveu même de lord Grey, ministre anglais; puisque après les trois mémorables journées, la France, dépourvue de tout, d'après ce qu'on nous a dit, fit respecter la révolution belge, comme elle aurait dû faire respecter celle d'Italie et surtout ne pas abandonner nos frères du nord, les Polonais, qui ont offert leurs poitrines au fer des esclaves du despote de toutes les Russies, pour défendre ceux qui les ont si lâchement abandonnés, après leur avoir promis, à la face du soleil, que leur nationalité ne périrait pas.

La conquête d'Alger, achetée de notre sang, eût été avouée officiellement, et sa colonisation offrirait maintenant à la France, et surtout à notre cité en particulier, les plus grands débouchés.

Ainsi, bien-être du peuple, honneur national, prospérité du commerce eussent été réalisés par ceux qui, en renversant une dynastie parjure, crurent avoir fait toute autre chose que changer de chef et de drapeau.

L. D,

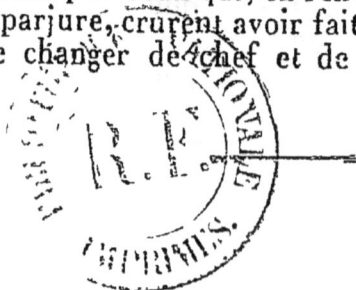

DU TRAVAIL
ET DE LA NOBLESSE DU PEUPLE.

L'unique ressource et le grand levier des sociétés humaines, c'est le travail. Lui seul peut les faire triompher dans les luttes pénibles et constantes qu'elles ont à livrer à la nature. C'est par lui que sont défrichées les terres incultes, ouverts les canaux, tracées les routes, exploitées les mines : c'est par lui que sont créés tous les produits de l'industrie, que nos maisons sont construites, que nos vêtemens sont tissés, que nos alimens sont préparés: c'est lui qui dans un ordre plus élevé fait avancer les sciences et les arts. Sans lui l'humanité ne saurait vivre, sans lui la société n'existerait point. Partout nous le voyons, dans ce qui nous entoure, dans ce qui nous sert: il se présente sous mille formes diverses : il s'applique à tout, depuis la plus grossière transformation de la matière, jusqu'aux productions les plus délicates de l'intelligence.

Le travail est l'élément premier, l'élément indispensable de la société et de la civilisation; et par cela même il en est aussi le plus noble. Sans lui point de jouissance, et sans lui point de gloire. Les grands peuples sont précisément ceux qui ont le plus travaillé; et sous nos yeux nous pouvons le voir, si l'Espagne et l'Italie sont tombées si bas, c'est que là les peuples, abrutis par un funeste despotisme, sont plongés dans la paresse et l'indolence.

Les Français, les Anglais, les Américains, ne l'emportent sur les autres peuples que parce qu'ils sont les plus laborieux, les plus travailleurs de tous.

Ce qui est vrai de peuple à peuple, ne l'est pas moins d'homme à homme, d'individu à individu. Parmi nous, qui estime l'homme oisif, si ce n'est des hommes oisifs et paresseux comme lui ? Dans cette société où le hasard nous a placés, mais dont nous recevons tant de bienfaits, malgré les désordres et les vices nombreux qu'y entretiennent si souvent les mauvais gouvernemens, chacun de nous doit tâcher de payer sa dette le plus largement qu'il peut. Par l'association des hommes, chacun d'eux reçoit en partage la puissance de tous, et jouit de leur travail. Il aura beau faire, il aura beau travailler, il ne pourra jamais rendre à la société autant qu'elle lui donne ; mais il est juste, il est noble à lui de tâcher de s'acquitter dans la proportion de ses forces.

Le plus laborieux est donc en même temps le plus utile et le plus digne de tous les citoyens : car, en travaillant pour la société, il l'a servie avec profit pour elle comme pour lui, et de plus, il s'est libéré, du moins en partie, de la grave obligation qu'il avait contractée envers elle.

Voilà pourquoi, de tout temps, dans tous les pays, cette portion de la société que l'on nomme le peuple, est la plus importante et la plus respectable. C'est elle qui, par sa force et par son nombre, accomplit tous les travaux sans lesquels la société ne pourrait être. C'est la base, l'inébranlable fondement de la société, sur lequel tout repose, avec lequel tout s'affaisse, quand il chancelle ou vient à manquer.

Nous le demandons à tout homme qui travaille, que ce soit de ses bras ou de sa tête, le travail n'est-il point pour lui une source constante de jouissances, de bonheur et de dignité, quand il vient à réfléchir sur son œuvre, et qu'il comprend pourquoi et comment il l'a produite? Eh bien! c'est là le sentiment qui doit soutenir le peuple et lui donner bonne espérance. Dans son cœur, tout homme qui travaille doit se sentir au-dessus de celui qui ne fait rien; et malgré tous les abus sociaux qui ont si inégalement réparti le travail et les jouissances, le citoyen laborieux peut se dire qu'il s'estime, qu'il a pour lui le bon droit, et que, tôt ou tard, le jour de l'amélioration doit venir; car dans ce mouvement qui pousse et fait sans cesse avancer la société humaine, il est évident que le progrès tend toujours vers le mieux, et que l'humanité devient plus heureuse à mesure qu'elle vieillit.

Le peuple, aux yeux de la raison et de la justice, n'est souverain que parce qu'il travaille. C'est lui qui fait vivre la société, il est juste que ce soit lui qui la domine. La souveraineté du peuple n'a pas d'autre source, quand on veut y regarder de près; et cela est si vrai, que nul n'a contesté la souveraineté du peuple que parmi les gens oisifs, ou, comme ils disent, *de loisir*. L'homme qui travaille et qui conçoit ce que c'est que le travail, n'aurait jamais pensé à vendre son indépendance et sa liberté, à livrer ses affaires à l'homme inutile et souvent dangereux, qui se repose et jouit parce qu'il a de la fortune, comme si ses pères qui la lui ont transmise avaient pu le dispenser de travailler à son tour, et comme si sa dette de travail n'était pas d'autant plus forte qu'il a une plus large part aux avantages sociaux.

La religion chrétienne, le dogme chrétien a eu ce grand tort de représenter le travail comme une punition imposée par le ciel à

l'humanité déchue. Le travail n'est ni un châ-
timent ni une honte : le travail est une gloire
et un bonheur. Le peuple n'est grand, le peuple
n'est digne que parce qu'il travaille. Sa souveraineté a été proclamée en principe, comme
une grande et sublime vérité que l'on aperçoit,
mais qu'on ne comprend pas bien encore. Le
moment approche où ce principe sera réalisé
et constitué dans toutes ses applications: ce
sera le jour, si long-temps attendu, si ardem-
ment désiré, le jour de bonheur pour le peuple.
Jusque là il pourra languir dans la souffrance
et la misère, malgré sa noblesse; mais au milieu de ses maux, il a du moins, pour lui
soutenir le cœur, le sentiment de ce qu'il vaut,
de ce qu'il est.

G. Ad.

(Extrait du Bon Sens.)

Nous empruntons le passage suivant à un
article remarquable, que publie le National
sur les Etats-Unis :

« L'Amérique est le véritable pays de la
légalité. On ne voit pas là d'émeute comme à
Paris ou Birmingham, pour forcer les pou-
voirs de l'état à user de leur prérogative dans
tel sens plutôt que dans tel autre. Les peuples
qui ont des droits politiques n'ont bas besoin
de se dégrader par des hurlemens auxquels le
pouvoir répond par des mitraillades, quand
il est le plus fort, et des concessions de mauvaise grâce et de mauvaise foi quand il est le
plus faible. »

A NOS AMIS POLITIQUES.

En 1814 et 1815, quand Marseille, avec un sentiment frénétique, exaltait le triomphe des étrangers, nous étions du petit nombre de ces jeunes patriotes dont la rougeur montait au front, en présence de la dégradation dans laquelle étaient tombés nos concitoyens. Nous sommes aussi de ceux qui ne désespérèrent pas du salut de notre cause ; car nous disions à ceux qui ne partageaient pas nos sentimens patriotiques ; oui, un jour vous rougirez de vous être laissés imposer un roi par les cosaques ; oui, les nobles couleurs qui ont fait notre gloire, et qui ne doivent pas plus représenter l'anarchie que le despotisme, reparaîtront, et vous bénirez le jour de leur inauguration, parce que je vous sais le cœur trop français pour ne pas ouvrir vos yeux à la honte qui couvre notre nation, qui subit le joug de ceux qu'elle a vaincus dans plus de trente batailles rangées.

En tenant ce langage, nous étions loin de penser qu'on irait au-delà de nos prévisions, puisque nous avons eu, nous ne dirons pas la satisfaction, mais la consolation de voir dans les rangs de notre garde citoyenne ceux-mêmes qui voulurent, à cette époque, commettre un assassinat sur notre personne, en nous accusant de Bonapartisme, nous qui n'avions de commun avec cette opinion que l'admiration pour le grand capitaine.

Eh bien ! si pendant les 15 ans de honte que nous avons subis, nous eussions dit à nos adversaires politiques, vous êtes des brigands ; car à défaut du bras, vos cœurs dirigeaient le fer assassin, croit-on que nous eussions fait beaucoup de prosélytes.... Si vous ne le croyez pas, imitez notre exemple, et surtout évitez de donner des armes à l'absurde milieu qui vous représente toujours comme des hommes de sang. Croyez-en la pureté dès sentimens patriotiques d'un homme qui porte le défi à qui que ce soit de mettre en contradiction un seul de ses principes, même depuis l'âge le plus tendre.

Ainsi donc, nous conjurons les hommes qui représentent notre opinion, de se méfier à l'avenir de ces intrigans qui, dans leurs intérêts, exploitent le désordre, soit en poussant à des excès qui ne sont pas dans les habitudes des vrais amis de la liberté, soit en vociférant dans les rues : *à bas les carlistes, les carlistes on les pendra*, les avertissant que nous ne verrions que des fous ou des mouchards dans ceux qui se rendraient coupables de pareils méfaits; car que l'on se figure un jeune homme pénétré de la pureté des doctrines patriotiques exposées par le National ou par tout autre journal de l'opposition, dont le père ou la mère, carlistes, lui répètent chaque jour que la liberté est synonyme d'anarchie, se trouvant tout-à-coup au milieu de ces cris de sang.

Nous le demandons à ce peuple qui porte, quand il veut, un jugement si sain, croit-il que ce jeune homme ne désertera pas sur-le-champ la cause à laquelle il allait se vouer, quand il voit les jours de ceux qu'il chérit, menacés par d'imprudentes vociférations? Oh! qu'ils cessent ces cris d'une autre époque, et que ceux-là qui ont foi dans un meilleur avenir se rappellent que tôt ou tard se rallieront à la pureté de nos principes, ceux qui en sont aujourd'hui les plus acharnés détracteurs.

L. D.

— Question singulière après la révolution de Juillet. — Serait-il vrai que, tandis que beaucoup d'hommes de bon sens font tant d'efforts pour répandre l'instruction et les connaissances qu'appelle la civilisation, il soit fait défense aux employés des administrations de lire aucuns journaux?

Serait-il vrai que les jésuites ont la certitude d'obtenir leur prépondérance passée avant très peu de temps?

LES TACHES DE SANG DU PONT D'ARCOLE.

C'était un matin de juillet,
Mois à l'éclatante auréole;
Et déjà le soleil brillait,
Large et pur, sur le pont d'Arcole!
Quelque chose brillait aussi:
C'était du sang, qui sur la pierre,
Du Ciel réflétait la lumière!
Sang épais et déjà durci,
Que, pendant la nuit solitaire,
Répandit l'arme du sicaire,
Frappant ceux qui criaient: merci!
La foule, interrogeant la terre,
Soupçonne un horrible mystère,
Et demande si c'est ainsi
Que l'on fête l'anniversaire?...
Bientôt de sinistres suppôts
A leur tour observent la place:
« Ce sang parle: il faut qu'on l'efface! »
Et pour en détruire la trace,
Dans le fleuve on puise à grands flots.
L'amas sanglant cède avec peine;
Mais enfin, entraîné par l'eau,
Il tombe, il coule, et dans la Seine
S'allonge en funèbre ruisseau.
Sans colère et sans épouvante,
Un vieillard à l'œil pénétrant,
Dit à son fils, en lui montrant
La ligne de feu qui serpente:
« Voit-tu ce sang pur et brillant,
« Qui s'étend par sa chute même,
« Et colore l'onde en fuyant?
« De la liberté c'est l'emblème:
« On la propage en la noyant. » (*Le Bon Sens.*)

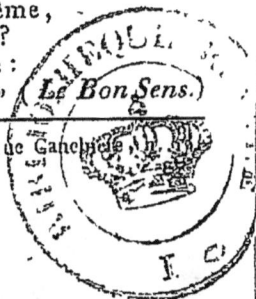

Marseille.—Imp. de Feissat aîné et Demonchy, rue Cannebière.